Cachorros de león en la naturaleza

por Maria R.

Ideas para padres y maestros

Bullfrog Books permite a los niños practicar la lectura de textos informativos desde el nivel principiante. Las repeticiones, palabras conocidas y descripciones en las imágenes ayudan a los lectores principiantes.

Antes de leer

- Hablen acerca de las fotografías. ¿Qué representan para ellos?

- Consulten juntos el glosario de las fotografías. Lean las palabras y hablen de ellas.

Durante la lectura

- Hojeen el libro y observen las fotografías. Deje que el niño haga preguntas. Muestre las descripciones en las imágenes.

- Léale el libro al niño o deje que él o ella lo lea independientemente.

Después de leer

- Anime al niño para que piense más. Pregúntele: Los cachorros de leones juegan. ¿Cómo les ayuda esto a aprender?

Bullfrog Books are published by Jump!
5357 Penn Avenue South
Minneapolis, MN 55419
www.jumplibrary.com

Library of Congress Cataloging-in-Publication Data

Names: Brandle, Marie, 1989– author.
Title: Cachorros de león en la naturaleza / por Marie Brandle.
Other titles: Lion cubs in the wild. Spanish
Description: Minneapolis, MN: Jump!, Inc., [2023]
Series: ¡animales bebés en la naturaleza!
Includes index. | Audience: Ages 5–8
Identifiers: LCCN 2022033601 (print)
LCCN 2022033602 (ebook)
ISBN 9798885242189 (hardcover)
ISBN 9798885242196 (paperback)
ISBN 9798885242202 (ebook)
Subjects: LCSH: Lion—Infancy—Juvenile literature.
Classification: LCC QL737.C23 B7247518 2023 (print)
LCC QL737.C23 (ebook)
DDC 599.757—dc23/eng/20220715

Editor: Eliza Leahy
Designer: Molly Ballanger
Translator: Annette Granat

Photo Credits: dalhethe/iStock, cover; Eric Isselee/Shutterstock, 1, 3, 10, 19, 22, 23bl, 24; BirdImages/iStock, 4; Andrey Skaternoy/Shutterstock, 5, 23tm; Henk Bogaard/Shutterstock, 6–7; GP232/iStock, 8–9; Reto Buehler/Shutterstock, 11, 23tl; Stu Porter/Shutterstock, 12–13; earleliason/iStock, 14–15, 23tr; Hel080808/Dreamstime, 16–17; Dennis Stogsdill/iStock, 18, 23br; DELFINO Dominique/Hemis/SuperStock, 20–21; Maciej Czekajewski/Shutterstock, 23bm.

Printed in the United States of America at Corporate Graphics in North Mankato, Minnesota.

Tabla de contenido

Parte de la manada

Una leona ruge.
¿Por qué?

cachorro

Ella protege a sus cachorros.

Los cachorros todavía
no pueden caminar.
¡Mamá los carga!

Ellos beben la leche de mamá.

Crecen.

Su pelaje tiene manchas.
Las manchas desaparecen
cuando ellos van creciendo.

mancha

10

Mamá los acicala.

Ella les lame el pelaje.

11

Ellos aprenden
a caminar.

¡Luego corren!

Ellos se unen a la manada.

Ellos viven en la savana.

manada

carne

Mamá caza.

Ella trae carne para los cachorros.

Ellos comen.

Ellos juegan.

Ellos se abalanzan.

Esto los ayuda
a cazar.

¡Ellos aprenden a rugir!

Ellos crecen.

¡Tienen sus propios cachorros!

21

Las partes de un cachorro de león

¿Cuáles son las partes de un cachorro de león? ¡Échales un vistazo!

oreja

pelaje

cola

boca

pata

garra

Glosario de fotografías

acicala
Limpia.

cachorros
Leones jóvenes.

manada
Un grupo de leones.

ruge
Hace un sonido
fuerte y profundo.

savana
Una llanura plana
cubierta de pasto
con pocos árboles
o ninguno.

se abalanzan
Saltan hacia
adelante y agarran
algo de repente.

Índice

Para aprender más

FACT SURFER

Aprender más es tan fácil como contar de 1 a 3.

❶ Visita www.factsurfer.com

❷ Escribe "cachorrosdeleón" en la caja de búsqueda.

❸ Elige tu libro para ver una lista de sitios web.